Good News!

Ein Jahr voller guter Nachrichten

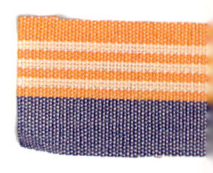

Martin Smatana

Good News!

Ein Jahr voller guter Nachrichten

Pattloch

Als sich 2020 wegen der Pandemie eine pessimistische Grundstimmung breit machte, entschied ich mich, etwas dagegen zu unternehmen. Als unerschütterlicher Optimist begann ich, gezielt nach guten Nachrichten aus der ganzen Welt zu suchen. Ich stellte sie in fröhlichen Bildern dar und schickte sie meinen Freundinnen und Freunden, um ihre Stimmung ein wenig aufzuhellen. Daraus ist das Buch *Ein Jahr voller guter Nachrichten* entstanden, das im November 2021 erschienen ist, ein Jahr später auch in der deutschen Ausgabe.

Daraufhin schickten mir meine Leserinnen und Leser zahlreiche weitere gute Nachrichten. Bei Ausstellungen meiner Textil-Bilder notierten die Besucher seitenweise gute Nachrichten im Gästebuch. In einigen Schulen entstanden ganze Wandbilder mit Meldungen über positive Ereignisse. Meine Sammlung guter Nachrichten wuchs stetig weiter, auch nachdem mein Buch bereits veröffentlicht war, selbst als die Nachricht vom Kriegsbeginn in einem Nachbarland meine Heimat erschütterte.

Eine Zeitlang empfand ich wieder Hoffnungslosigkeit, aber diesmal wusste ich, was ich dagegensetzen konnte. Ich war überzeugt, dass selbst vor dem Hintergrund eines Krieges gute Ereignisse möglich sind, selbst wenn sie noch so unscheinbar sind. Ich hielt gezielt Ausschau, sammelte Zeitungsberichte und wählte Geschichten aus, die mich aufheiterten, mich bewegten oder mir eine neue Sichtweise ermöglichten. Jede Woche wählte ich eine

Geschichte aus meiner Gute-Nachrichten-Datenbank und fertigte ein passendes Bild dazu an. Und ehe ich es mich versah, nahm ein zweites *Jahr voller guter Nachrichten* Gestalt an.

Ich hoffe, dass dieses Buch den Glauben an Menschen zurückbringt, die selbst in schlimmsten Zeiten für gute Nachrichten stehen und mit manchmal kleinen, unauffälligen Gesten unsere Welt zu einem besseren Ort werden lassen.

Viel Freude beim Lesen!

M. S.

1.

Über einen Zeitraum von 25 Jahren hat der türkische
Förster Hikmet Kaya zusammen mit seinem Team
30 Millionen Bäume gepflanzt und so das Gebiet
rund um sein Dorf von einer kargen Landschaft
in eine grüne Oase verwandelt.

2.

Besucherinnen und Besucher können statt Büchern Personen „ausleihen". Mit dieser ungewöhnlichen Idee will eine Bibliothek in Dänemark Vorurteilen und kulturellen Stereotypen entgegenwirken. Die „lebenden Geschichten" ermöglichen neue Einsichten, häufig werden sie von gesellschaftlichen Randgruppen erzählt.

3.

Tschechische, russische, belarussische und ukrainische Musiker schlossen sich zusammen, um im Rahmen einer Wohltätigkeitsveranstaltung die vom Krieg in der Ukraine Betroffenen zu unterstützen. Gemeinsam nahmen sie das Lied *I Won't Give Up* auf.

4.

Selbst sintflutartige Regenfälle und Überflutungen
hielten ein indisches Paar nicht von ihrer Hochzeit ab.
In einem Kochkessel schipperten sie durch
die überschwemmten Straßen ihrer Stadt
zu ihrer Hochzeitslocation.

5.

Die Spieler des Fußballvereins Dinamo Bukarest
liefen zusammen mit ausgesetzten Straßenhunden
aus dem Tierheim auf. Die Fernsehzuschauer
konnten später die Hunde adoptieren.

6.

Der Postbote Liu Baocho liefert Briefe und
Pakete an Leute auch in entlegenen
Gebieten Chinas. Anderenfalls wären sie
von der Außenwelt abgeschnitten.

7.

High-School-Schüler in Bradford, Rhode Island,
bauten einen hölzernen Unterstand für einen
fünfjährigen Jungen im Rollstuhl, damit er nicht im
Regen auf den Schulbus warten musste.

8.

Bei einem Fallschirmsprung streute der brasilianische
Skydiver Luigi Cani über 100 Millionen Samen von
28 heimischen Baumarten über einem abgeholzten
Gebiet des Amazonas-Regenwaldes aus.

9.

Um gegen die uneinheitlichen Covid-
Beschränkungen in den Niederlanden
zu protestieren, durch die Museen und Galerien
zur Schließung gezwungen waren, wurden
bedeutende Kulturinstitutionen zeitweise
zu Einrichtungen erklärt, die vom Lockdown
nicht betroffen waren. Für einen Tag wurde das
Van-Gogh-Museum in Amsterdam zum
Nagelstudio, das Limburgs-Museum in Venlo zu
einem Fitnessstudio und Konzerthallen im
ganzen Land zu Friseursalons.

10.

Eine finnische Frau hat umsonst die Wohnungen von Fremden gereinigt. Auri Kananen (alias Aurikatariina, Queen of Cleaning) half vor allem Menschen, die sich nicht richtig um ihr eigenes Zuhause kümmern konnten, weil sie sich in einer schwierigen Situation befanden oder von psychischen Problemen beeinträchtigt waren.

11.

Im Jahre 1962 war der japanische Segler
Kenichi Horie der erste Mensch, der alleine
mit einem Segelboot den Pazifischen Ozean
überquert hatte. 60 Jahre später wiederholte er
seine Reise. Damit ist er der älteste Mensch,
dem je eine Nonstop-Überfahrt von den
Vereinigten Staaten bis nach Japan gelungen ist.

12.

Der Präsident von Nordmazedonien, Stevo Pendarovski, begleitete ein elfjähriges Mädchen mit Down-Syndrom persönlich zur Schule, nachdem er gehört hatte, dass die Schülerin dort gemobbt wurde.

13.

Die Behörden in Melbourne, Australien,
wiesen jedem der 70.000 Bäume in der Stadt
eine eigene E-Mail-Adresse zu, um Anwohnerinnen
und Anwohnern die Meldung angebrochener Äste
und anderer Schäden zu erleichtern. Es kam anders:
Menschen aus der ganzen Welt begannen, den
Bäumen Liebesbriefe und Fanpost zu schicken.

14.

Im Prado Museum in Madrid können Besucherinnen und Besucher das Gemälde *Geruch* aus den fünf Sinnesallegorien von Bruegel dem Älteren und Rubens nicht nur betrachten, sondern auch über ihre Nase wahrnehmen. Das Gemälde ist vom Duft von Orangenblüten, Jasmin, Feigen und afrikanischem stark fermentiertem Kaffee umgeben.

15.

Als die Ukraine überfallen wurde, beschloss der zwölfjährige Gabriel Clarkie aus England, den von dem Krieg betroffenen Kindern zu helfen, und stellte eine hölzerne Schüssel her. Seine „Bowl for Ukraine" ging viral und generierte eine Viertelmillion britische Pfund an Spendeneinnahmen, die er an das kriegsgeschundene Land schickte.

16.

Die neunjährige Lowri aus Nottinghamshire
in England war so entrüstet darüber, dass
Märchenprinzessinnen niemals eine Brille tragen,
dass sie sich entschloss, Disneys Geschäftsführer
einen Brief zu schreiben. Im Animationsfilm *Encanto,*
der drei Jahre später in die Kinos kam, trat die
erste Disney-Heldin mit Brille auf.

17.

Weil die Wiese *Kopanecké lúky* im Nationalpark
Slowakisches Paradies schon immer von
Hand gemäht und geharkt wird, verfügt sie
mit 54 verschiedenen Pflanzenarten
auf einem viertel Quadratmeter über die
weltweit reichhaltigste Biodiversität.

18.

Roger Federer überraschte seinen jungen Fan Izyan Ahmad mit einem Flug nach Zürich und einem gemeinsamen Tennis-Match. Der Schweizer Tennis-Star löste damit ein Versprechen ein, das er dem jungen Mann gegeben hatte, als dieser ihn fünf Jahre zuvor zu einem Tennis-Match herausgefordert hatte.

19.

Die New York Public Library hat eine halbe Million Bücher aus ihrem Bestand an Kinder und Jugendliche verschenkt. So konnten die jungen Leute ihre Büchersammlungen vergrößern und auch in den Schulferien lernen und sich weiterbilden.

20.

Nach 40 Jahren wurden erstmals
wieder Nashörner im Nationalpark Zinave
in Mosambik angesiedelt.

21.

In der Schweiz gibt es nicht nur Banken für Geld, sondern auch für Zeit. Das Gesundheitsministerium hat das Konzept der Zeitbanken entwickelt, bei denen junge Leute für die Betreuung alleinstehender Senioren geleistete Stunden „einzahlen" können. Wenn sie selbst alt und von anderer Leute Hilfe abhängig sein werden, können sie ihre eingezahlten Stunden in Anspruch nehmen.

22.

Während der Bombardierung Mariupols evakuierte
ein ehemaliger Nachtclub-Besitzer mit einem eigens
zu diesem Zweck angeschafften Van nach und nach
200 Menschen aus der belagerten Stadt.

23.

Coral Vita, eine Organisation auf den Bahamas,
züchtet auf dem Festland Korallen, siedelt sie später
im Meer an und regeneriert und schützt auf
diese Weise das Meeresökosystem.

24.

Nach mehr als 30 Jahren sind bei der
Tour de France erstmals wieder
Radfahrerinnen angetreten.

25.

Ein Kalifornier adoptierte einen sechzehnjährigen schwachen Hund, damit dieser nicht alleine im Tierheim sterben musste. Doch in seiner Obhut erholte sich der Hund wieder zu alter Lebensfreude.

26.

Rettungskräfte und Ehrenamtliche organisierten in einer Flüchtlingsunterkunft eine Geburtstagsfeier für ein siebenjähriges ukrainisches Mädchen.

27.

Nzambi Matee, eine Ingenieurin in Nairobi,
hat eine Methode erfunden, mit der Einwegplastik
zu Backsteinen verarbeitet wird, die stabiler
sind als Beton. Die Steine werden nun für den
Bau von Kindergärten, Schulen und Straßen
in Afrika verwendet.

28.

Nach den Feiertagen bauten Berufsschülerinnen und -schüler aus dem alten Weihnachtsbaum vom Prager Altstadtring Insektenhotels und verschenkten sie an Seniorenheime.

29.

Menschen in europäischen Städten haben aus der
Ukraine Geflüchtete mit Schildern willkommen
geheißen, auf denen stand, wie vielen Geflohenen
sie übergangsweise Zuflucht gewähren können.

30.

Fans des spanischen Fußballvereins Real Betis
warfen in der Halbzeitpause tausende
Stofftiere aufs Spielfeld. Die Spielzeuge
wurden später als Weihnachtsgeschenke
an benachteiligte Kinder verteilt.

31.

Die neunzehnjährige belgisch-britische Fliegerin Zara Rutherford ist die jüngste Pilotin, die alleine die Erde umrundet hat. Ihr Ultraleichtflugzeug war in der tschechischen Republik und der Slowakei gebaut worden. Während ihrer fünfmonatigen Reise legte sie mehr als 51.000 Kilometer zurück, flog über fünf Kontinente und ließ sich nicht von Frost, Sturm, Rauch und auch nicht von Bürokratie beirren.

32.

Ein Hund namens Patron half dem ukrainischen Rettungsdienst, 200 scharfe Minen aufzuspüren. Daraufhin zeichnete Präsident Selenskyj den Hund mit einer Tapferkeitsmedaille aus.

33.

Ocean Cleanup, eine niederländische Organisation, die effektive Technologien zur Reinigung der Ozeane entwickelt, hat einen wichtigen Meilenstein erreicht. Sie hat mehr als 100.000 Tonnen Plastikmüll aus dem Pazifischen Ozean entfernt.

34.

Jane Goodall, die britische Primatologin, die seit
1960 Schimpansen und Menschen untersucht, erhielt
für ihre unermüdliche wissenschaftliche Arbeit und
ihre spirituelle Neugier den prestigeträchtigen
Templeton-Preis. Ein weltberühmter Spielzeug-
hersteller gratulierte ihr zu dem Preis mit einer
Puppen-Edition nach ihrem Aussehen. Sie gehört
zu einer ganzen Serie nach dem Vorbild
inspirierender Frauen gestalteter Puppen.

35.

Der zweijährige Barrett aus Texas bestellte beim Spielen mit dem Smartphone seiner Mutter versehentlich 31 Cheeseburger. Da die Bestellung nicht storniert werden konnte, veranstaltete Barretts Mama kurzerhand ein gemeinsames Cheeseburger-Festessen mit Leuten aus der Nachbarschaft.

36.

Ein neues Schweizer Gesetz verbietet die
Einzelhaltung von Meerschweinchen. Die Tiere
sind nämlich eine soziale Spezies.

37.

Das Personal des Bistros im Fotomuseum
Fotografiska in Stockholm trägt bei der Arbeit
spezielle Schürzen, die tagsüber CO_2 aus der Luft
aufnehmen und nachts zur Versorgung der
Hydrokultur des Bistros wieder abgeben.

38.

Der dreifache Grand-Slam-Sieger Horia Tecău hat die Kinder von ukrainischen Geflüchteten in seine Tennis-Akademie in Rumänien eingeladen.

39.

Britische Wissenschaftlerinnen und Wissenschaftler
haben einen Raketenanzug entwickelt, der es
medizinischem Personal und Rettungskräften
ermöglicht, in Bergregionen zu fliegen,
die mit Helikoptern oder Rettungsfahrzeugen
nicht erreichbar sind.

40.

Das Oberste Gericht von Ecuador hat alle
Ölbohrungen im Amazonas-Regenwald untersagt –
ein historischer Sieg für die lokale indigene
Bevölkerung und ein wichtiger Meilenstein beim
Schutz von Amazonas-Gebieten mit besonderer
ökologischer und kultureller Bedeutung.

41.

Nach dem Überfall auf die Ukraine reiste
José Andrés, ein berühmter spanischer Koch, an die
polnisch-ukrainische Grenze. Mit der Unterstützung
von lokalen Köchen, Restaurants, Lebensmittel-
produzenten und Lieferanten bereitete er dort für
Geflüchtete tausende Mahlzeiten am Tag zu.

42.

Als ein Nachbar, der dem zwölfjährigen englischen Jungen Max Woosey sein Zelt geliehen hatte, in einem Hospiz starb, startete der Junge einen Spendenaufruf für Heime, die sich um unheilbar Kranke kümmern. Dazu übernachtete er über 500 Nächte in dem Zelt. Es kam eine halbe Million britische Pfund zusammen und er traf sogar den Premierminister.

43.

Zwei tschechische Touristen auf Weltreise engagierten sich für die Rettung des Planeten. Wo sie Halt machten, halfen sie der lokalen Bevölkerung, Parks, Straßen und Strände sauber zu halten.

44.

In Nordnorwegen wurde im Permafrostboden ein unterirdischer Bunker angelegt. Dort werden Millionen Pflanzensamen aus allen Ländern der Erde gelagert. Sie bilden für den Fall einer globalen Katastrophe die Basis für die Erneuerung der Reichhaltigkeit und Biodiversität der Erde.

45.

Inmitten der Verteidigung der ukrainischen
Hauptstadt Kiew heirateten die ukrainischen
Soldaten Valeryi und Lesya im Freien am Stadtrand.
Ehrengast war Bürgermeister Vitali Klitschko.

46.

Ein Wanderer, der sich beim Klettern im kroatischen
Gebirge verletzt hatte, wurde von seinem Hund
vor dem Erfrieren bewahrt. Das Tier legte sich auf ihn
und hielt ihn dreizehn Stunden lang warm,
bis Rettungskräfte eintrafen.

47.

Afghanische Wissenschaftlerinnen, die gezwungen waren, Kabul zu verlassen, präsentierten ihre Robotererfindungen beim World Forum in Doha. Durch ihre Teilnahme am weltweiten wissenschaftlichen Wettstreit ermutigten sie junge afghanische Frauen zu Ausbildungen in Ingenieurwesen, Wissenschaft und Technik.

48.

Die slowakische Ultramarathonläuferin
Lenka Vacvalová absolvierte in Peru auf einem der
ältesten Wanderwege der Welt einen 850 Kilometer
langen Spendenlauf. Von den Spenden wurden
spezielle Geräte für die Onkologie der Kinderklinik
in Bratislava angeschafft.

49.

Der italienische Straßenkünstler Cibo bekämpfte
Hassbotschaften im öffentlichen Raum, indem er
Neonazi-Graffiti mit farbenfrohen Wandbildern
von allerlei Lebensmitteln übersprühte.

50.

In der südkoreanischen Hauptstadt Seoul wurde
eine Tages-Disko für Senioren eröffnet. Sie wirkt
Einsamkeit und Altersdemenz entgegen.
Über-65-Jährige können hier etwas für ihre Fitness
tun, Freunde finden und einfach Spaß haben.

51.

Valentina und Leonid Stoyanov, ein Tierärzte-Paar aus Odessa, bauten ihr Haus zu einem Tierheim um. Hier fanden Haustiere Aufnahme, die in vom Krieg betroffenen Städten zurückgelassen worden waren.

52.

Als der australische Farmer Ben Jackson wegen
der Pandemie nicht an der Beerdigung seiner
geliebten Tante teilnehmen konnte, streute er in
Herzform Getreide aus und ließ dann seine Schafe
zum Weiden hinaus. Mit seinem riesigen, aus Schafen
geformten Herzen sandte er eine Liebesbotschaft
an seine Tante direkt in den Himmel.

Jeden Tag gehen gute Nachrichten wie diese in den Massen schlechter Nachrichten beinahe unter. Das ist umso mehr ein Grund, in den Medien nach ihnen Ausschau zu halten, aber auch in unserer unmittelbaren Umgebung. Denn die Welt ist ein viel besserer Ort zum Leben, als es oft den Anschein hat.

www.yearofgoodnews.com

Ich möchte mich bei allen bedanken, die mich bei der Entstehung dieses Projekts unterstützt haben: Denisa Ballová, Eva a Miňo Báthory, Nora Čechová, Klaudia Gáborová, Zuzana Gogová, Marek Ježo, Hana Križanová, Alžbeta Mišíková, Lucia Piovarči, Erika Remencová, Martina Rusnáková, Miroslav Smatana, Simona Smatana und Tatiana Takáčová.

Danke auch an das Blue Faces Studio für die Räume und die technische Unterstützung bei der Fertigstellung des Projekts.

Konzept: © Martin Smatana, © Monokel, s.r.o., 2022
Text und Illustrationen: © Martin Smatana, 2022
Originally published in 2022 by Monokel LC, Bratislava, Slovakia
Licht und Fotografie: Ondřej Nedvěd
Farbkorrekturen: Dominik Prokop
Bildbearbeitung: Elizabeth Bugyiová
Grafik: Martina Figusch Rozinajová
Redaktion: Peter Michalík

© 2023 Pattloch Verlag. Ein Imprint der Verlagsgruppe Droemer Knaur GmbH & Co. KG, München
Übersetzung aus dem Englischen: Anna-Lena Prill
Satz: Sabine Albrecht
Gesamtherstellung: Firmengruppe APPL,
aprinta druck GmbH, Wemding
ISBN 978-3-629-00982-1
www.geschenkverlage.de
5 4 3 2 1

MIX
Papier | Fördert
gute Waldnutzung
FSC® C004592